D1640217

LV.Buch
Die Begeisterungswerkstatt

ANGEZETTELT!

40 witzige Ideen
für kleine Kunstwerke aus Haftzetteln

Bridget Dove

Fotografien von Clare Winfield

Herausgegeben von Kyle Books, ein Imprint von Kyle Cathie Ltd
Originaltitel Stick It!
© 2017 Kyle Books
© Deutsche Ausgabe LV.Buch im Landwirtschaftsverlag GmbH,
48084 Münster, 2017

ISBN: 978-3-7843-5547-4

Übersetzung: Dr. Katrin Korch, www.literatur-und-mehr.de
Projektredakteur: Claire Rogers
Text: Bridget Dove
Gestaltung: Laura Woussen
Fotos: Clare Winfield
Stylist: Polly Webb-Wilson
Produktion: Nic Jones, Gemma John und Lisa Pinnell

Inhalt

Einleitung

Haftzettel halten nicht dauerhaft auf einem Untergrund. Wenn du dich damit abgefunden hast, kannst du mithilfe dieser Anleitungen 40 witzige Projekte verwirklichen, die auf wunderbare Weise vergänglich sind. Denn ein Haftzettel klebt nicht ewig. Die Projekte in diesem Buch verstehen sich als Stegreif-Kunst. Dafür brauchst du nicht mehr als den Inhalt deiner Schreibtischschublade: einen Locher, Tacker, etwas Schnur und natürlich Haftzettel. Wie aufwendig auch immer dein Projekt ist – ob du großflächige Wall Art oder nur ein kleines Origami anfertigen möchtest – das Tolle daran ist jeweils die Einfachheit, mit der es gemacht wird.

Im Ablösen, Aufkleben und Falten liegt etwas Meditatives. Es erfordert deine ganze Aufmerksamkeit und beruhigt dich dabei. Es kann auch frustrierend sein (wenn du einem Haftzettel mal viel abverlangen musst), macht aber auch zufrieden. Verlass dich nicht darauf, dass die Haftzettel ganz quadratisch sind (sie sind es nicht) oder dass sie alle exakt dieselbe Größe haben. Fixier dich daher nicht auf parallele Linien und gleichmäßige Abstände, lass dich vielmehr auf eine Kreativität ein, die nicht perfekt sein will. Die Farben können ebenfalls einschränken, denn es gibt zahlreiche, kaum voneinander zu unterscheidende Gelb- und Pinktöne. Wenn du braune oder dunkelgrüne Haftzettel bekommen kannst, schlag zu und bastele einen Weihnachtsbaum. Für alle anderen Projekte brauchen wir sie in Neonfarben.

Und genau darin liegt der Spaß! Trotz ihrer Kurzlebigkeit ist es überraschend, was du mit Haftzetteln machen kannst, wenn du dich von deiner Laune leiten lässt. Wo auch immer Langeweile aufkommt, Wartezeit überbrückt werden muss oder du gerade gedanklich nicht weiterkommst, einen Stapel Haftzettel hast du wahrscheinlich immer gerade zur Hand – fertige dann damit einfach ein kleines Kunstwerk an.

Wall
Art

Emoji

Für jede Stimmung gibt es ein Emoji. Zeig, wie du dich gerade fühlst.

DU BRAUCHST
- **Haftzettel, je 76 x 76 mm**
  - 34 Stück in Orange
  - 62 Stück in Gelb
  - 36 Stück in Pink
  - 5 Stück in Rot
- **eine große Wand**

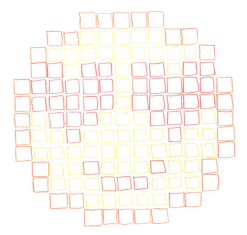

Ordne die Haftzettel so, wie auf der linken Seite und oben gezeigt, auf der Wand an.

Totenkopf

Passt prima für Halloween! Das Zurechtschneiden der Zettel ist zwar ein bisschen kniffelig, aber es lohnt sich.

DU BRAUCHST
- **Haftzettel, je 76 x 76 mm**
  20 Stück in Blau
  10 Stück in Orange
  20 Stück in Pink
- **Schere**

Schneide die Haftzettel für jeden Abschnitt des Totenkopfes wie auf der Zeichnung unten jeweils an den gestrichelten Linien zurecht (Fortsetzung nächste Seite).

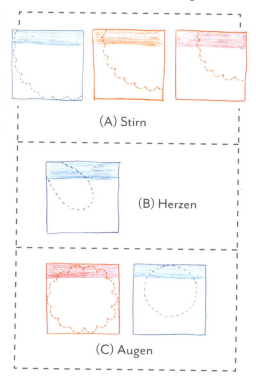

(A) Stirn

(B) Herzen

(C) Augen

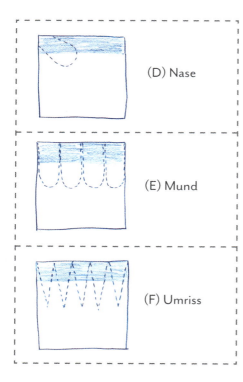

(D) Nase

(E) Mund

(F) Umriss

(B) Herzen

Schneide je 6 Haftzettel in Orange und Pink und 2 in Blau an den gestrichelten Linien zurecht und lege sie wie auf der Abbildung aufeinander.

(C)) Augen

Ordne 2 unbeschnittene Haftzettel in Orange, 2 in Pink und 2 in Blau wie auf der Abbildung für die Augen des Totenkopfes aufeinander.

(D) Nase

Schneide 2 blaue Haftzettel an den gestrichelten Linien zurecht und ordne sie wie auf der Abbildung für die Nase an.

(E) Mund

Ordne 6 unbeschnittene Haftzettel in Pink wie auf der Abbildung an, schneide dann 4 blaue Haftzettel wie auf der Abbildung für den Totenkopfmund zurecht.

(A) Stirn

Ordne eine Reihe hellblauer Haftzettel wie auf der Abbildung an und lege die beiden Haftzettel in Blau, Orange und Pink an den Enden an.

(G) Umriss

Schneide 3 blaue und 4 pinke Haftzettel an den gestrichelten Linien und ordne sie wie auf dem Schema auf der nächsten Seite für den Umriss des Totenkopfes an.

SCHEMA

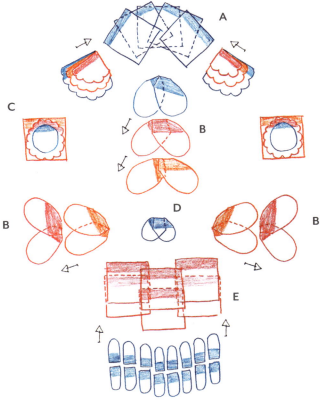

A

C

B

B

D

B

E

SCHEMA

Schwalbe

DU BRAUCHST
- **Haftzettel, je 76 x 76 mm**
  etwa 60 Stück in Dunkelblau
  etwa 60 Stück in Hellblau
  etwa 60 Stück in Türkis
  etwa 60 Stück in Weiß
- **Schere**
- **eine große Wand**

Dieses Projekt ist viel einfacher als es wirkt und macht besonders viel Spaß. Klebe so viele Haftzettel auf, bis die Wand endet.

1 Lege die dunkelblauen Haftzettel wie auf der Abbildung aneinander und schneide sie dann an der gestrichelten Linie aus, sodass der Umriss der Schwalbe entsteht.

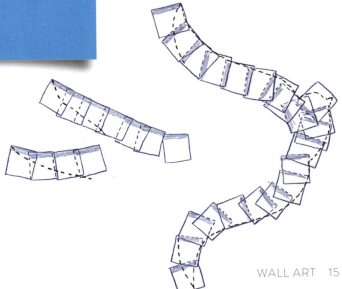

2 Lege die hellblauen und weißen Haftzettel wie unten gezeigt aneinander und schiebe sie unter die dunkelblauen.

3 Fülle den übrigen Raum für die Schwalbe mit weißen, hellblauen und türkisfarbenen Haftzetteln, mische die Farben dabei wie zufällig. Verteile sie über die Wand, sodass der Eindruck eines flatternden Vogels entsteht.

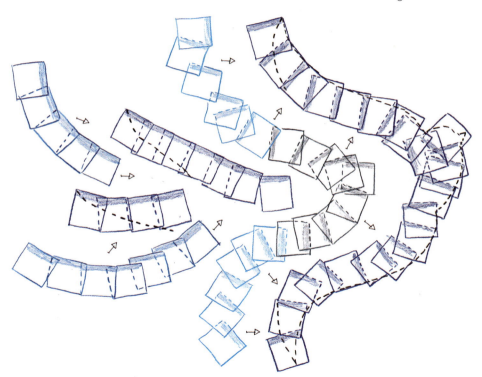

Tagesplaner

Das Schöne an diesem Projekt: Du kannst Memos und Termine einfach anheften, wie sie gerade anfallen, und die Notizen musst du nicht ausstreichen.

DU BRAUCHST
- **Haftzettel**
  62 Stück in beliebigen Farben, je 76 x 76 mm
  28–31 Stück in Gelb, je 76 x 76 mm
- **Schere**

1 Klebe eine Reihe Haftzettel in 7 unterschiedlichen Farben und darunter eine Reihe gelber Haftzettel an deine Wand. Wiederhole das, bis du ausreichend Haftzettel für einen Monat angebracht hast.

2 Schneide die benötigten Zahlen aus und klebe sie auf die bunten Zettel. Achte darauf, dass sie sich farblich vom Untergrund abheben.

3 Schneide für die Marker Haftzettel, wie unten gezeigt, zurecht. Verwende den blauen Rahmen für aktuelle Termine, den Pfeil in Orange für Verabredungen und das Herz für besondere Dates.

4 Fertige für wichtige Termine Sterne aus je vier 51 x 51 mm großen Haftzetteln an. Klebe sie übereinander und drehe sie jeweils leicht.

3

4

Geometrische Kacheln

Bei diesem Projekt gerät man richtig ins Meditieren. Es ist zudem sehr vielseitig, weil man gut mit den Farben spielen kann.

DU BRAUCHST
- **Haftzettel, je 76 x 76 mm** mindestens:
  12 Stück in Neongelb
  12 Stück in Hellgelb
  12 Stück in Senfgelb
  12 Stück in Neonorange
- **Schere**
- **Bleistift**
- **Lineal**

1 Lege einen Haftzettel mit der Klebeseite nach unten vor dich hin. Ziehe mit dem Lineal eine Diagonale von der linken oberen Ecke zur rechten unten und von der rechten oberen zur linken unten.

2 Zeichne auf einer der beiden Linien jeweils 3 cm neben dem Kreuzungspunkt eine Markierung.

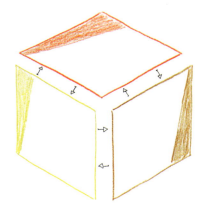

3 Ziehe wie auf der Zeichnung eine Linie jeweils von zwei gegenüberliegenden Ecken zu den Markierungen.

5 Klebe immer drei Rauten in unterschiedlichen Formen in der oben gezeigten Anordnung an die Wand, sodass ein dreidimensionaler Würfel entsteht. Wiederhole das Muster beliebig oft in unterschiedlichen Farben.

4 Schneide den Zettel an dieser Linie aus, sodass eine Raute entsteht, und verwende sie als Vorlage für weitere Rauten in allen Farben.

Regenwolke

Diese Wolke kann man gut auf eine weiße Wand oder auch auf ein Fenster anbringen. Ersetze die Regentropfen durch Schneeflocken (siehe Seite 119), wenn man draußen Schneemänner bauen kann.

DU BRAUCHST
- **Haftzettel, je 76 x 76 mm**
  100 Stück in Mittelblau
  100 Stück in Hellblau
  75 Stück in Türkis
  50 Stück in Weiß
- **Schere**
- **eine große Wand**
- **Schirm**

1 Schneide 14 türkisfarbene Haftzettel an der gestrichelten Linie (oben) zu Regentropfen.

2 Klebe die hellblauen und weißen Haftzettel zu einem großen Raster aus 12 x 15 Zetteln wie auf Seite 25 gezeigt.

3 Schiebe für die obere Kante der Wolke noch eine Schicht weißer Zettel unter die hellblauen.

4 Klebe am unteren Rand der Wolke wie auf der Skizze dunkelblaue Haftzettel auf die hellblauen. Fülle die Wolke dann von unten nach oben mit dunkelblauen und türkisfarbenen Zetteln, die sich ungleichmäßig überlappen, bis die Wand vollständig bedeckt ist. Schiebe die letzte Schicht unter die weißen Haftzettel am oberen Rand der Wolke.

5 Klebe die Regentropfen wie auf der Abbildung gegenüber auf die weißen Haftzettel. Je nach Größe der Wand kannst du bis zum Boden noch weitere Regentropfen anbringen. Wenn du noch mehr Wandfläche bekleben willst, erweitere den Himmel einfach mit weiteren Haftzetteln.

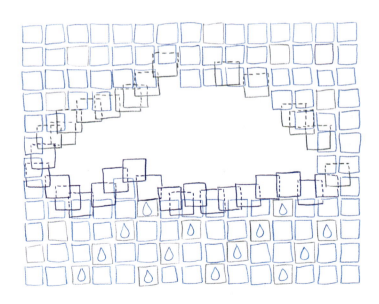

Apfel

Ein richtig großer Apfel.

DU BRAUCHST
- **Haftzettel, je 76 x 76 mm**
  39 Stück in Dunkelgrün
  92 Stück in Hellgrün
  13 Stück in Gelb
  6 Stück in Violett
  8 Stück in Weiß
- **eine große Wand**

Klebe die Haftzettel wie auf der Skizze auf die Wand.

Monstera

Die Monstera ist eine schnell wachsende Zimmerpflanze, die die Luft klärt, besonders in Räumen mit Klimaanlagen. Diese Variante muss nicht gegossen werden.

DU BRAUCHST
- **Haftzettel, je 76 x 76 mm**
  25 Stück in Neongrün
  20 Stück in Hellgrün
  3 Stück in Mittelblau
  6 Stück in Hellblau
- **Schere**

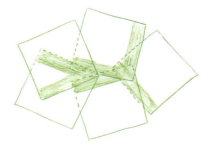

Blätter
1 Klebe für die Blätter fünf neongrüne Haft-zettel wie oben gezeigt aneinander.

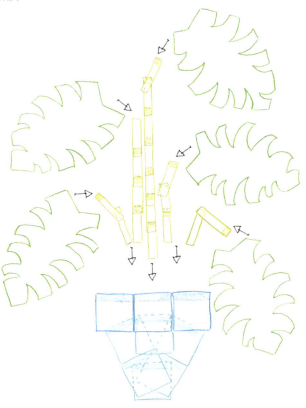

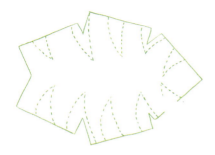

2 Schneide sie an den gestrichelten Linien in Blattform.

3 Wiederhole die Schritte 1 und 2 für vier weitere Blätter.

Stängel
4 Schneide 20 hellgrüne Haftzettel an den gestrichelten Linien durch.

5 Ordne die Blätter und Stängel wie auf der gegenüberliegenden Abbildung an.

Topf
6 Klebe die mittel- und hellblauen Haftzettel wie auf dem Schema an die Wand.

Regenbogen

DU BRAUCHST
- **eine große Menge Haftzettel, je 76 x 76 mm** in Neonorange, Neongelb, Hellgelb, Hellgrün, Neongrün, Dunkelgrün, Türkis, Dunkelblau, Hellblau, Hellviolett, Dunkelviolett, Hellpink, Mittelpink und Neonpink
- **große Wand, mindestens 1 x 4 m**

Auf dem Schema siehst du das Grundmuster. Je nachdem wie viel Mühe du dir geben möchtest, kannst du es unbegrenzt erweitern – über Wände, den Fußboden, Möbel oder auch über Zimmerecken hinweg …

Ordne die Haftzettel auf der Wand in Abschnitten zu 10 x 45 Zetteln an (siehe auch das Schema auf den Seiten 34–35).

SCHEMA

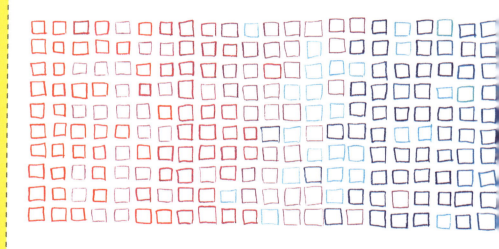

SCHEMA

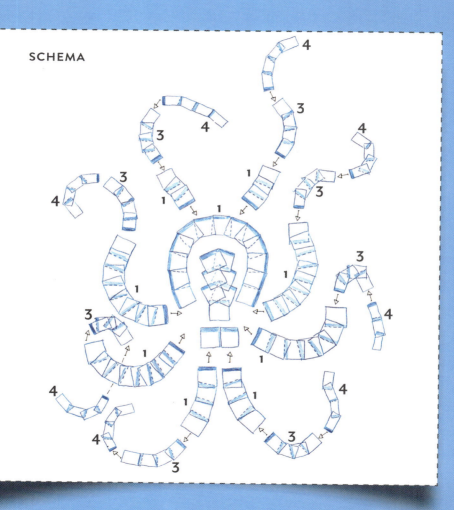

Tintenfisch

Damit die Saugorgane schön rund werden, habe ich die Innenrolle von Klebestreifen, einen Klebestift und eine Münze zu Hilfe genommen. Sie müssen nicht immer ganz exakt werden, denn es wirkt fast besser, wenn sie ein wenig unregelmäßig sind.

DU BRAUCHST
- **Haftzettel, je 76 x 76 mm**
  100 Stück in Türkis
  77 Stück in Neonpink
  44 Stück in Rot
  2 Stück in Gelb
- **Schere**

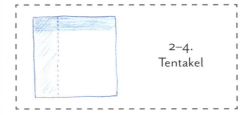

2–4.
Tentakel

Tentakel

1 Ordne die Haftzettel wie auf der Abbildung gegenüber zu einem Oktopuskörper an.

2 Schneide 32 türkisfarbene Haftzettel wie oben an der gestrichelten Linie zurecht. Lege die dunkel eingefärbten Teile zur Seite.

3 Ordne die zugeschnittenen Haftzettel für das dickere Ende der Tentakeln wie auf der Abbildung gegenüber an.

4 Ordne dann die zur Seite gelegten Zuschnitte wie auf der Abbildung gegenüber für die dünneren Tentakelenden an.

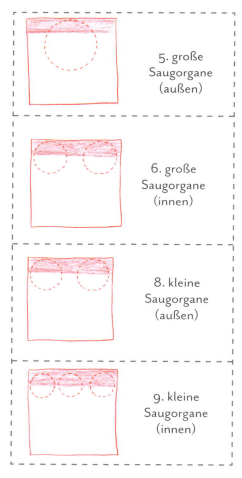

5. große
Saugorgane
(außen)

6. große
Saugorgane
(innen)

8. kleine
Saugorgane
(außen)

9. kleine
Saugorgane
(innen)

Saugorgane

5 Schneide für die 36 großen Saugorgane 36 neonpinke Haftzettel an der gestrichelten Linie aus.

6 Schneide für die 36 Innenkreise 18 rote Haftzettel an den gestrichelten Linien aus.

7 Klebe für die großen Saugorgane die roten Kreise auf die neonpinken und ordne sie wie auf der Abbildung gegenüber an.

8 Schneide für die 78 kleinen Saugorgane 39 neonpinke Haftzettel an den gestrichelten Linien aus.

9 Schneide für die 78 Innenkreise 26 rote Haftzettel an den gestrichelten Linien aus.

10 Klebe die roten Kreise auf die neonpinken und ordne sie wie auf der Abbildung gegenüber an.

SCHEMA

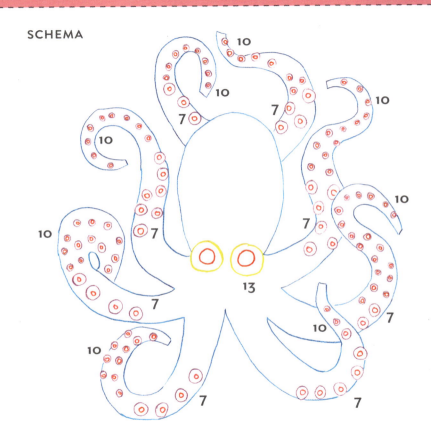

Augen

11 Schneide für die Augen zwei gelbe Haftzettel an der gestrichelten Linie aus.

12 Schneide für die Pupillen zwei neonpinke
Haftzettel an der gestrichelten Linie aus.

13 Klebe die neonpinken Kreise auf die
gelben und ordne sie wie auf der Abbildung
als Augen an.

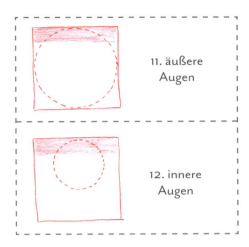

11. äußere
Augen

12. innere
Augen

Pfau

Dieses Projekt ist das anspruchsvollste in diesem Kapitel, aber es ist auch besonders beeindruckend. Bereite erst alle Einzelelemente vor, bevor du zu kleben beginnst.

HAFTZETTEL
- **Haftzettel**
  86 Stück in Dunkelblau, je 76 × 76 mm
  18 Stück in Mittelblau, je 76 × 76 mm
  38 Stück in Hellblau, je 76 × 76 mm
  1 Stück in Mittelblau, 51 × 51 mm
  30 Stück in Neongrün, je 76 × 76 mm
  20 Stück in Gelb, je 76 × 76 mm
  8 Stück in Gelb, je 51 × 51 mm
  4 Stück in Violett, je 76 × 76 mm
- **Bleistift**

Beginne mit dem Nacken und ordne dafür die Haftzettel wie auf der Abbildung gegenüber und auf dem Schema auf Seite 45 an. Füge dann die Zettel für den Kopf hinzu.

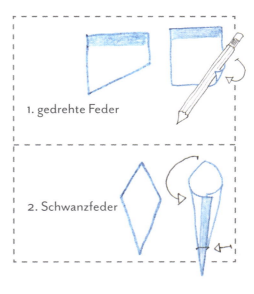

1. gedrehte Feder

2. Schwanzfeder

Gedrehte Federn

1 Wickele einen Haftzettel von einer Ecke aus über einen Bleistift.

Schwanzfedern

2 Rolle einen Haftzettel zu einer Tüte; der Klebestreifen zeigt dabei nach außen und wird zur Befestigung festgedrückt.

EINZELELEMENTE FÜR DEN KOPF

A Kammfedern

1 Lege einen 76 x 76 mm großen, dunkelblauen Haftzettel mit der Klebeseite nach unten vor dich hin und falte ihn an den gestrichelten Linien in Ziehharmonikafalten.

2 Falte an den gestrichelten Linien einen Knick hinein.

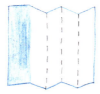

B Ansatz für die Kammfedern

Lege drei hellblaue, 76 x 76 mm große Haftzettel mit der Klebeseite nach unten vor dir hin und falte sie jeweils wie auf der Abbildung an den gestrichelten Linien in Ziehharmonikafalten.

C SCHNABEL

Lege einen mittelblauen, 51 x 51 mm großen Haftzettel mit der Klebeseite nach oben vor dich hin und falte ihn an den gestrichelten Linien.

D Augen

1 Lege einen gelben, 51 x 51 mm großen Haftzettel mit der Klebeseite nach unten vor dich und falte ihn an den gestrichelten Linien in Ziehharmonikafalten.

2 Falte an den gestrichelten Linien einen Knick hinein.

SCHEMA

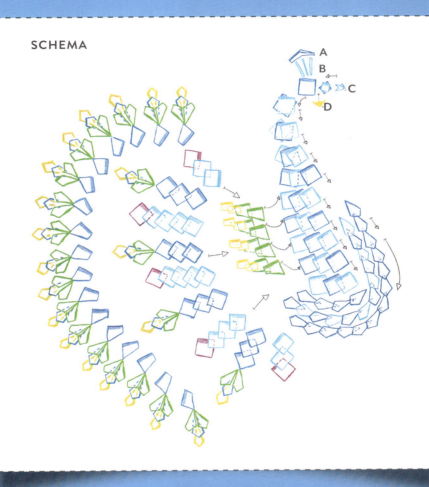

A
B
C
D

Zahlen

Wenn du einmal großformatige Zahlen benötigst, erfährst du hier, wie du sie mit wenigen Utensilien aus deinem Schreibtisch anfertigen kannst.

Ordne die Haftzettel wie gezeigt auf der Wand an (siehe Schemata auf den Seiten 48–52).

DU BRAUCHST
- **Haftzettel, je 76 x 76 mm**
  je nach Zahl:
  60 Stück in Dunkelrosa
  30 Stück in Mittelrosa
  60 Stück in Hellrosa
  40 Stück in Hellblau
  60 Stück in Türkis
- **eine sehr große Wand**

SCHEMA

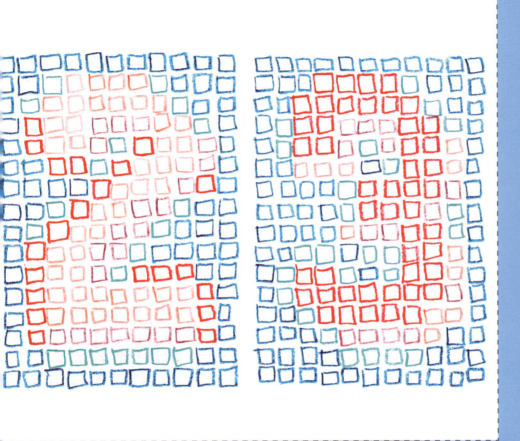

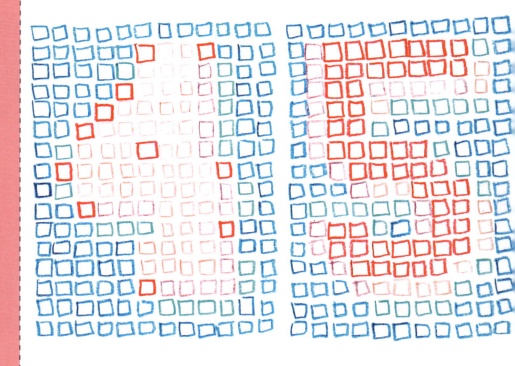

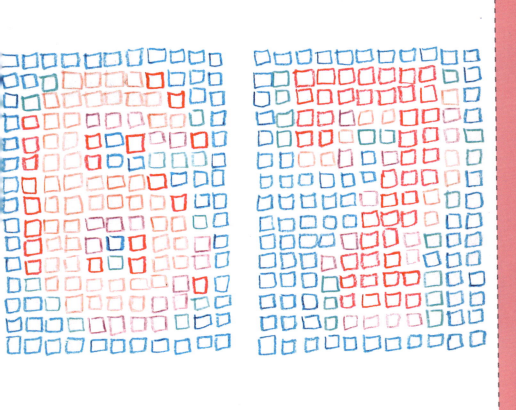

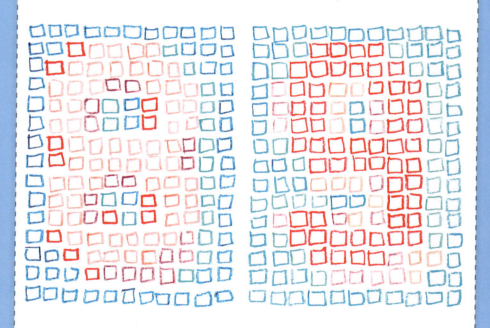

SCHEMA

Geburtstagstorte

Eine Torte zum Geburtstag ist obligatorisch. Diese hier ist zwar nicht essbar, sieht aber sehr hübsch aus.

DU BRAUCHST
- **Haftzettel, je 76 x 76 mm**
  21 Stück in Hellrosa
  40 Stück in Neonpink
  10 Stück in Mittelblau
  5 Stück in Neongelb
- **Schere**

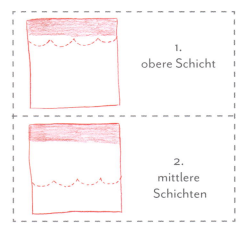

1.
obere Schicht

2.
mittlere Schichten

Tortenschichten

1 Schneide für die obere Schicht 12 neonpinke Haftzettel an der gestrichelten Linie aus.

2 Schneide für die mittleren Schichten 14 Haftzettel in Hellrosa und 14 in Neonpink an der gestrichelten Linie aus.

3 Klebe für die Torte die obere und die mittleren Schichten und dazwischen unbeschnittene Haftzettel wie auf der Abbildung auf den Seiten 54 und 56 auf die Wand.

SCHEMA

1

2

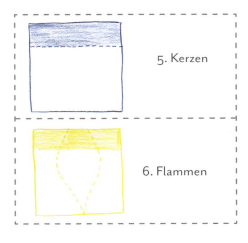

5. Kerzen

6. Flammen

4 Begradige die Seiten, indem du wie auf Seite 56 überstehende Ränder an den gestrichelten Linien abschneidest.

Kerzen

5 Schneide 10 mittelblaue Haftzettel an der gestrichelten Linie zurecht und klebe sie wie auf der Abbildung auf Seite 56 auf die Wand.

Flammen

6 Schneide 5 neongelbe Haftzettel an der gestrichelten Linie aus und setze sie auf die Kerzen, wie auf der nächsten Seite gezeigt.

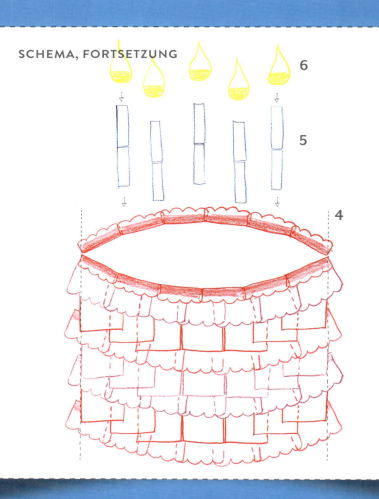

SCHEMA, FORTSETZUNG

6

5

4

Weihnachtsbaum

Wenn du keine Möglichkeit hast, einen echten Weihnachtsbaum aufzustellen, ist ein aufgeklebter am besten.

Fertige anhand dieser Zeichnung und den Hinweisen auf den nächsten Seiten alle Einzelteile an. Orientiere dich beim Zusammensetzen an dem nebenstehenden Schema.

DU BRAUCHST
- **Haftzettel**
  48 Stück in Mittelgrün, je 76 x 76 mm
  12 Stück in Hellgrün, je 76 x 76 mm
  10 Stück in Dunkelrosa, je 76 x 76 mm
  2 Stück in Blau, je 76 x 76 mm
  2 Stück in Orange, je 76 x 76 mm
  7 Stück in Gelb, je 76 x 76 mm
- **eine große Wand**

Grundformen

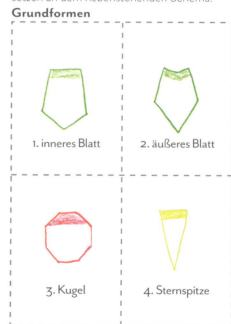

1. inneres Blatt

2. äußeres Blatt

3. Kugel

4. Sternspitze

SCHEMA

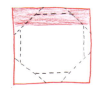

Inneres Blatt

1 Falte den Haftzettel mit der Klebeseite nach oben an der gestrichelten Linie in der Mitte zusammen und wieder auf. Falte dann an den beiden gestrichelten Linien links und rechts von der Mitte eine Ecke hinein.

Kugeln

3 Lege einen Haftzettel mit der Klebeseite nach oben vor dich hin und falte die Ecken an den äußeren gestrichelten Linien. Falte sie dann noch einmal an den inneren Linien.

Äußere Blätter

2 Falte eine Spitze in einen Haftzettel, indem du ihn mit der Klebeseite nach oben vor dich hinlegst und die unteren Ecken links und rechts an den gestrichelten Linien nach innen faltest. Falte ihn dann in der Mitte zusammen und an den oberen gestrichelten Linien eine Ecke hinein.

Sternspitze

4 Falte eine Spitze in einen Haftzettel, indem du ihn mit der Klebeseite nach oben vor dich hinlegst und die unteren Ecken links und rechts außen an den gestrichelten Linien umlegst. Falte ihn dann noch einmal an den inneren Linien.

Origami

Quadrat aus 4 Haftzetteln

Dies ist die Grundform für die meisten Origami-Projekte.

DU BRAUCHST
- **4 Haftzettel, je 76 x 76 mm**
  in beliebiger Farbe

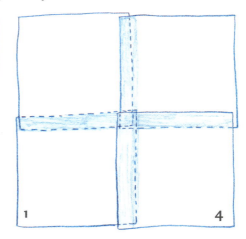

1 Lege den Haftzettel 1 mit der Klebeseite nach oben vor dich hin. Die Klebeseite zeigt nach rechts.

2 Füge die Haftzettel 2, 3 und 4 mit der Klebeseite nach unten hinzu. Drehe sie, wie oben gezeigt, dabei mit der Klebeseite immer um 90 Grad im Uhrzeigersinn.

Lotusblüte

Dies ist eine schlichte, klassische Origamiform.

DU BRAUCHST
- **1 Quadrat aus 4 Haftzetteln** in beliebiger Farbe (siehe gegenüberliegende Seite)

1 Falte das Quadrat an den gestrichelten Linien und falte es wieder auseinander.

2 Falte die Ecken zur Mitte hin.

3 Falte jede Ecke noch einmal zur Mitte und drehe die Faltarbeit dann um.

1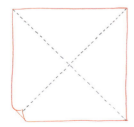

2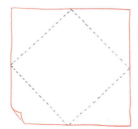

3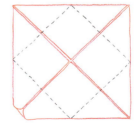

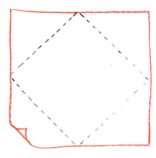

4 Falte die Ecken an den gestrichelten Linien zur Mitte.

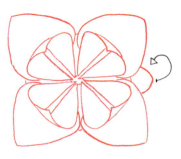

6 Klappe für die übrigen 4 Blütenblätter die anderen Spitzen nach außen.

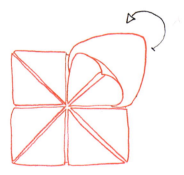

5 Biege die Ecken zu einem Blütenblatt nach innen und falte für ein Blütenblatt zugleich die darunter liegende Spitze nach außen.

7 Klappe die vier mittleren Spitzen für weitere Blütenblätter hoch.

Hyazinthe

Sie müssen nicht unbedingt aus neonfarbenen Zetteln gefertigt werden, du kannst auch traditionellere Pink- oder Violetttöne oder ganz andere Farben verwenden.

DU BRAUCHST
- **Haftzettel, je 76 x 76 mm**
  je Stiel
  4 Stück in Neongrün
  3 Stück in Neonorange,
  Neonpink oder Neongelb
- **Schere**

1 Lege einen neongrünen Haftzettel mit der Klebeseite nach oben vor dich hin und rolle ihn von der Ecke aus auf.

2 Drücke ihn zusammen und wiederhole das mit zwei weiteren neongrünen Haftzetteln.

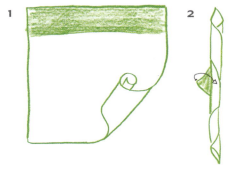

3 Schiebe für den Stiel die Rollen wie oben gezeigt ineinander.

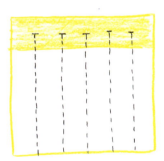

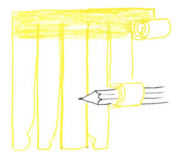

4 Lege einen Haftzettel in Neonorange, Neonpink oder Neongelb mit der Klebeseite nach unten vor dich hin und schneide ihn an den gestrichelten Linien in Streifen, ohne die obere Kante ganz durchzuschneiden.

5 Rolle jeden Streifen über einen Bleistift nach oben auf. Wiederhole für die Blüten die Schritte 4 und 5 mit zwei weiteren Haftzetteln in Neonorange, Neonpink oder Neongelb.

6 Wickele von oben aus die Blüten um den Stiel.

8 Klebe zwei Streifen wie auf der Abbildung zusammen.

7 Schneide einen neongrünen Haftzettel an den gestrichelten Linien in schmale Streifen.

9 Lege sie dann als Blatt um den Stiel. Drücke die Klebestelle fest, damit es nicht verrutscht.

10 Wiederhole die Schritte 8 und 9 für zwei weitere Blätter.

Geburtstagskarte

Dies ist eine Anleitung für eine schnelle Geburtstagskarte, falls mal Not am Mann ist. Du brauchst dafür nur wenige Materialien und sie ist ruckzuck gemacht.

DU BRAUCHST
- **Haftzettel, je 76 x 76 mm**
  1 Stück in Neonblau
  1 Stück in Gelb
  1 Stück in Orange
- **2 Rechtecke à 10 x 15 cm aus Tonpapier oder Pappe**
- **Cuttermesser**
- **farbiges Klebeband (z. B. Washi Tape)**

1 Schneide aus einem der Rechtecke aus Tonpapier oder Pappe mit dem Cuttermesser einen Luftballon aus.

2 Drehe die Karte um und klebe einen blauen und einen gelben Haftzettel über die Ballonform.

3 Klebe die Rechtecke mit farbigem Klebeband zusammen.

4 Schreibe deinen Geburtsgruß auf den orangefarbenen Haftzettel und klebe ihn in die Karte.

1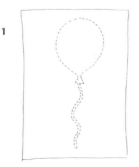

2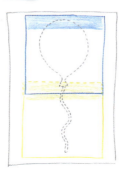

3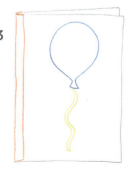

Karte zum Valentinstag

Nichts unterstreicht deine Liebe mehr als diese Karte mit pinkfarbenen Herzen.

DU BRAUCHST
- **Haftzettel, je 76 x 76 mm**
  2 Stück in Neonpink
  1 Stück in Mittelrosa
  2 Stück in Dunkelrosa
  1 Stück in Weiß
- **Schere**

1

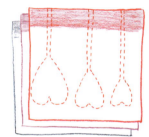

2

1 Klebe je einen Haftzettel in Mittelrosa, Dunkelrosa und Weiß aufeinander und schneide an der gestrichelten Linie Herzen in drei unterschiedlichen Größen aus.

2 Lege einen neonpinken Haftzettel mit der Klebeseite nach oben vor dich hin. Ordne die Herzen so darauf an, dass sie über die Kanten hinausragen, und drücke sie fest.

3 Lege den zweiten neonpinken Haftzettel mit der Klebeseite nach unten auf den ersten.

4 Falte beide Haftzettel an der gestrichelten Linie nach außen, sodass die Herzen dazwischenliegen.

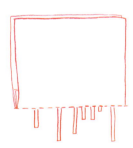

5 Schneide die überstehenden Stiele ab.

6 Schneide aus einem dunkelrosa Haftzettel wie auf der Abbildung ein Herz aus und klebe es auf die Vorderseite der Karte.

Frosch

Ich liebe diese kleine Truppe grüner Frösche. Man kann gar nicht aufhören, sie zu falten, wenn man einmal angefangen hat!

DU BRAUCHST
- **Haftzettel**
  1 Quadrat aus 4 Haftzetteln in Grün (siehe Seite 64)
  1 Haftzettel in Weiß, 76 x 76 mm (für die Augen)
- **Locher**
- **einen schwarzen Stift**

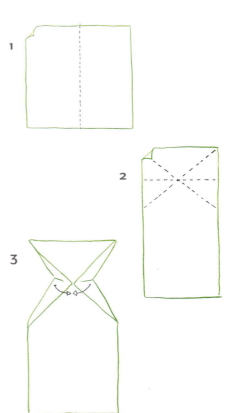

1 Falte das Quadrat an der gestrichelten Linie.

2 Falte es dann nacheinander an den gestrichelten Linien und falte es jeweils wieder auf.

3 Falte das Papier an der waagerechten Falz nach innen.

4 Klappe den oberen Teil zu einem Dreieck nach unten (es bildet den Kopf des
Frosches).

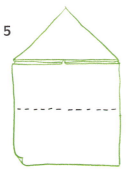

5 Falte den unteren Abschnitt
nach oben.

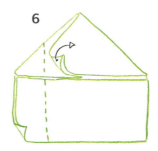

6 Lege die obere Schicht des Dreiecks zur
Seite um und falte die Arbeit an der gestrichelten Linie. Schiebe dabei die Seite unter
das Dreieck. Drücke die Faltarbeit flach und
wiederhole das auf der anderen Seite.

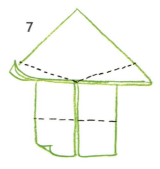

7 Falte die Arbeit an den gestrichelten Linien
nach oben.

8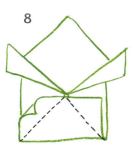
9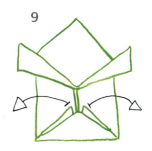
10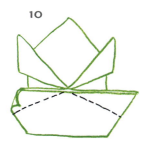

8 Falte die obere Schicht an der linken Seite an der gestrichelten Linie nach unten, wiederhole das auf der rechten Seite.

9 Ziehe die untere Papierschicht auf den Seiten nach außen und drücke die Faltarbeit flach.

10 Falte sie an den gestrichelten Linien nach unten und drehe sie um.

11
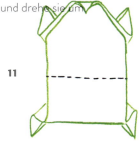

11 Falte sie an der gestrichelten Linie nach unten.

12 Falte sie nun an der gestrichelten Linie nach oben.

13 Stich mit dem Locher aus einem Haftzettel an der Klebestelle zwei Kreise aus, klebe sie als Augen auf und male die Pupillen mit dem schwarzen Stift auf.

12
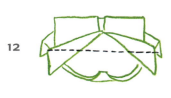

Papierflugzeuge

Ich suche nach einem praktischen Anlass zum Falten für diese Flugzeuge, außer dass diese Faltarbeit ein guter Grund dafür ist, etwas anderes aufzuschieben.

1 Lege die Haftzettel wie auf der Abbildung zusammen und klebe lose Stellen fest.

2 Falte das Blatt an den gestrichelten Linien.

1

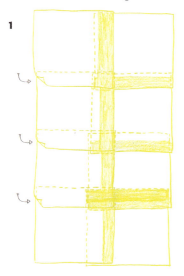

2

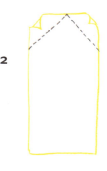

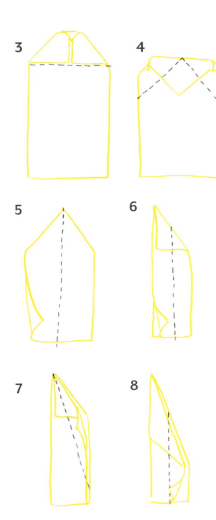

3 Falte das Dreieck an der gestrichelten Linie nach unten.

4 Falte den oberen Abschnitt an den gestrichelten Linien und drehe die Faltarbeit dann um.

5 Klappe sie in der Mitte um.

6 Falte die obere Papierlage an der gestrichelten Linie und falte sie wieder auf. Drehe die Arbeit und wiederhole das auf der anderen Seite.

7 Falte die obere Lage an der gestrichelten Linie. Drehe die Arbeit und wiederhole das auf der anderen Seite.

8 Falte die obere Lage an der gestrichelten Linie. Drehe die Arbeit und wiederhole das auf der anderen Seite.

Eulen-Lesezeichen

Hierfür müssen ein paar kniffelige Schritte gemeistert werden. Aber das Ergebnis lohnt sich. Halte ein paar Haftzettel als Ersatz bereit, falls die ersten Versuche nicht gelingen.

DU BRAUCHST
- **Haftzettel**
  1 Quadrat aus 4 Haftzetteln in beliebiger Farbe (siehe Seite 64)
  1 Haftzettel, 76 x 76 mm in einer Kontrastfarbe (für die Augen)
- **Locher**
- **einen schwarzen Stift**

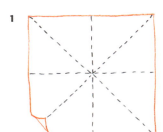

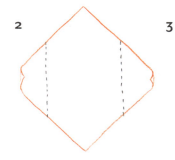

1 Falte das Quadrat an den gestrichelten Linien; falte es immer wieder auseinander.

2 Falte die Seiten an den gestrichelten Linien zur Mitte. Drehe die Arbeit dann um.

3 Falte die Seiten nochmals zur Mitte.

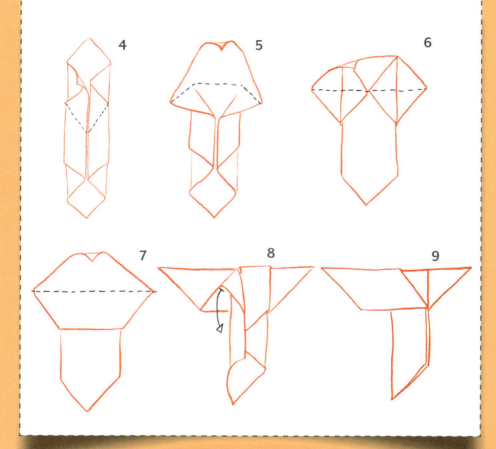

4 Falte die Arbeit an den gestrichelten Linien nach außen.

5 Falte sie an den gestrichelten Linien und streiche sie dann glatt. Drehe die Arbeit um.

6 Falte sie entlang der gestrichelten Linie nach unten.

7 Klappe das hintere Dreieck nach oben und falte es dann an der gestrichelten Linie nach unten. Drehe die Arbeit um.

8 Falte die linke äußere Seite wie auf der Abbildung nach rechts, sodass ein Falz entsteht.

9 Streiche die Arbeit glatt.

10 Wiederhole die Schritte 8–9 auf der anderen Seite.

11 Klappe die Falten wieder auf und drehe die Faltarbeit um.

12 Öffne die linke untere Falte und lege sie wie auf der Zeichnung nach vorne, wende dabei die vorhandenen Falze. Wiederhole das auf der anderen Seite.

10

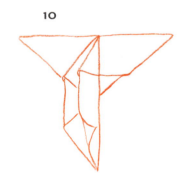

11

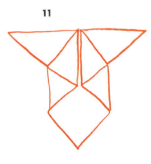

12

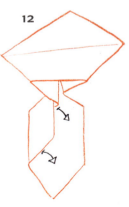

13 Falte die Arbeit an den gestrichelten Linien und falte sie wieder auf.

14 Öffne das obere Dreieck und falte die rechte Ecke zurück, in die vorhandenen Falze. Streiche die Arbeit glatt und wiederhole das auf der anderen Seite.

15 Falte das obere Dreieck für die Ohren nach unten.

16 Falte es für den Schnabel an den gestrichelten Linien.

17 Falte die Arbeit an den gestrichelten Linien und falte sie dann wieder auf.

18 Öffne die rechte untere Falte und klappe sie an den vorhandenen Falzen nach innen. Wiederhole das auf der anderen Seite und drehe dann die Faltarbeit um.

19 Falte für den Schwanz die untere Spitze an den gestrichelten Linien.

20 Schneide mit dem Locher aus dem Klebestreifen eines Haftzettels Kreise aus und klebe sie als Augen auf die Eule. Male die Pupillen mit dem schwarzen Stift auf.

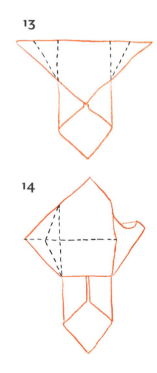

13

14

15

16

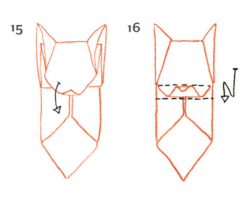

17

18

19

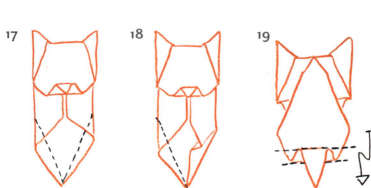

Daumenkino

Ein einfaches Daumenkino macht großen Spaß. Vervollkommne es noch mit kleinen Blumen oder etwas Farbe. Du musst einfach nur auf jeder Seite etwas Neues hinzufügen.

DU BRAUCHST
- **Haftzettel, 76 x 76 mm**
  einen Stapel in beliebiger Farbe
- **Bleistift**

4 Pause auf dem nächsten Zettel den Blumentopf und den 1. Stiel ab und zeichne das Blatt über dem 1. Stiel.

5 Fahre so fort und baue die Pflanze in der bezifferten Reihenfolge auf.

6 Wenn die Zeichnung vollständig ist, blättere durch die Seiten und du siehst, wie sich das Bild mit Leben füllt.

1 Zeichne auf dem untersten Haftzettel des Stapels den unteren Teil des Topfes.

2 Pause auf dem nächsten Zettel diesen unteren Topfteil ab und zeichne den oberen Teil des Topfes.

3 Pause auf dem nächsten Zettel den Blumentopf ab und zeichne den 1. Stiel.

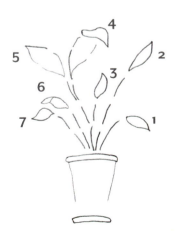

Kleine Häuschen

Räume deine Büroklammern und Reißzwecken auf. Mit etwas Geschick kannst du aus einzelnen Haftzetteln diese Häuschen anfertigen und als kleine Schachteln verwenden.

DU BRAUCHST
- **Haftzettel**
  für den Korpus und das Dach
  2 Quadrate aus je 4 Haftzetteln in kontrastierenden Farben (siehe Seite 64)
  für die Dachziegel
  6 Haftzettel, je 76 x 76 mm
- **Schere**

KORPUS

1 Falte ein Quadrat nacheinander an den gestrichelten Linien und falte es dann wieder auf.

2 Falte das Quadrat an den Kanten entlang der gestrichelten Linien nach innen.

3 Falte das Quadrat erst im unteren, dann im oberen Drittel an den gestrichelten Linien.

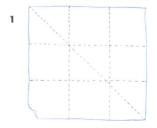

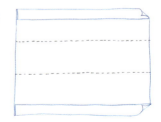

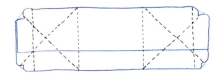

4 Falte die Arbeit an den gestrichelten Linien, falte sie dann wieder auseinander. Öffne dabei sowohl die obere als auch die untere Falte.

6 Schlage die Kante an der gestrichelten Linie ein.

7 Wiederhole für den Korpus die Schritte 5 und 6 auf der anderen Seite.

DACH

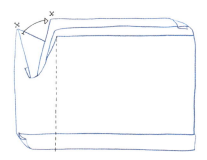

5 Falte die obere linke Ecke an den vorhandenen Falzen nach innen, halte dabei die obere Falte hoch. Die beiden mit „X" bezeichneten Stellen treffen aufeinander. Wiederhole das an der unteren Falte.

8 Falte das zweite Quadrat nacheinander an den gestrichelten Linien und falte es dann wieder auf.

9 Falte das Quadrat erst im unteren, dann im oberen Drittel an den gestrichelten Linien.

10 Falte es an den gestrichelten Linien, falte es immer wieder auf.

11 Falte die obere linke Ecke nach unten, sodass beide Seiten aufeinandertreffen, halte dabei die obere Falte hoch.

12 Falte die Außenkante an der gestrichelten Linie nach innen.

13 Wiederhole für das Dach die Schritte 11 und 12 auf der anderen Seite. Setze das Dach auf den Korpus.

DACHZIEGEL

Schneide für die Dachziegel die Haftzettel an den gestrichelten Linie zurecht und klebe sie auf das Dach. Beginne dabei an der unteren Kante und klebe sie überlappend auf.

Fisch

Ich glaube, ich habe noch nie einen gesprenkelten Goldfisch gesehen, aber bei einem aus Haftzetteln ist künstlerische Freiheit erlaubt.

DU BRAUCHST
- **Haftzettel**
  1 Quadrat aus je 4 Haftzetteln in Orange (siehe Seite 64)
  1 Haftzettel in Kontrastfarbe, 76 x 76 mm
- **Locher**

1 Falte das Quadrat an den gestrichelten Linien und falte es jeweils wieder auf.

2 Falte es dann an der gestrichelten Linie zu einem Dreieck und lege es mit der geschlossenen Seite nach oben vor dich hin.

3 Schiebe die obere rechte Ecke zur Spitze und streiche die Faltarbeit glatt. Drehe sie um und wiederhole das auf der anderen Seite, sodass eine quadratische Origami-Grundform entsteht.

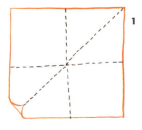

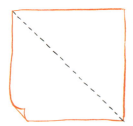

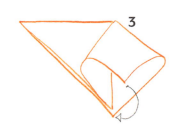

4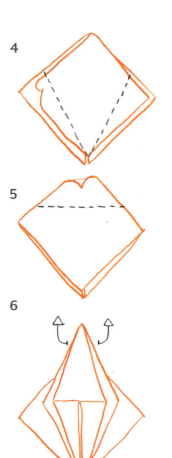

4 Falte die obere Schicht an den gestrichelten Linien zur Mitte hin und falte sie dann wieder auf. Wende die Faltarbeit und wiederhole das auf der anderen Seite.

5 Falte die obere Spitze auf beiden Seiten an der gestrichelten Linie und falte sie dann wieder auf.

5

6 Öffne die obere Lage von der unteren Spitze her und die streiche die Arbeit glatt.

7 Klappe die obere Lage hoch.

8 Falte die Arbeit an den gestrichelten Linien nach innen.

6

7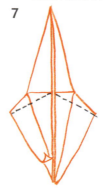

8

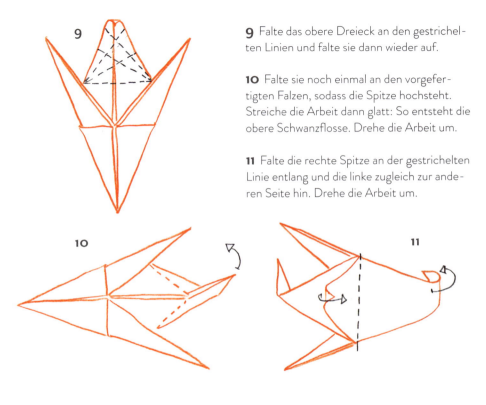

9 Falte das obere Dreieck an den gestrichelten Linien und falte sie dann wieder auf.

10 Falte sie noch einmal an den vorgefertigten Falzen, sodass die Spitze hochsteht. Streiche die Arbeit dann glatt: So entsteht die obere Schwanzflosse. Drehe die Arbeit um.

11 Falte die rechte Spitze an der gestrichelten Linie entlang und die linke zugleich zur anderen Seite hin. Drehe die Arbeit um.

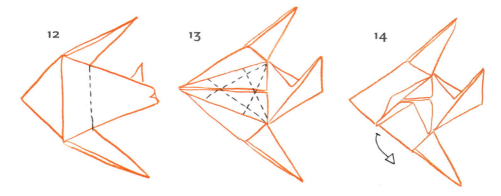

12 Falte die obere Lage entlang der gestrichelten Linie.

13 Falte die Arbeit an den gestrichelten Linien und falte sie wieder auf.

14 Falte sie noch einmal an den vorgefertigten Falzen und falte dabei die Spitze nach unten. Streiche die Arbeit glatt.

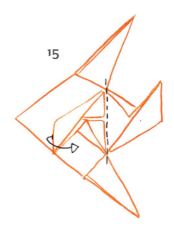

15 Falte für die untere Schwanzflosse die obere Lage an der gestrichelten Linie und streiche die Arbeit glatt.

16 Stich aus der Klebestelle des Haftzettels mit dem Locher Kreise aus und verziere den Fisch damit.

Rahmen für ein White Board

Solch ein Rahmen eignet sich zum Beispiel prima für inspirierende Zitate oder Gedichte, Einkaufslisten und To-do-Listen.

DU BRAUCHST
- **Haftzettel, 76 x 76 mm**
  - 50 Stück in Dunkelblau
  - 24 Stück in Hellblau
  - 8 Stück in Neonpink
  - 18 Stück in Neonorange
  - 20 Stück in Neongelb
  - 12 Stück in Hellgrün
- **Tafel oder White Board**
- **Schere**

1 Falte einen Haftzettel mit der Klebeseite nach oben an der gestrichelten Linie.

2 Falte die Ecken mit der Klebestelle an der gestrichelten Linie nach außen.

3 Schneide an der gestrichelten Linie eine Ecke ab.

4 Klappe die Klebeseiten nach außen.

5 Ordne die Haftzettel wie auf der Zeichnung auf dem White Board an.

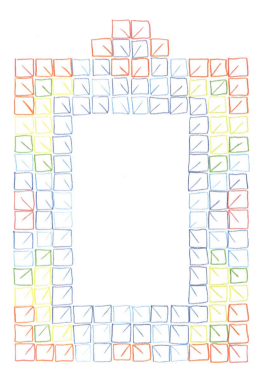

Baum mit fallenden Blättern

Das ist eine kreative Art, deine Gedanken festzuhalten.

DU BRAUCHST
- **viele Haftzettel, 76 x 76 mm** in beliebiger Farbe
- **einen kahlen Zweig**

1 Stelle den Zweig neben oder auf deinem Schreibtisch auf.

2 Schreibe wichtige Memos auf die Haft-zettel und klebe sie auf die Zweige, sodass sie wie Blätter aussehen.

Schmetterling

Es ist ähnlich wie mit den Fröschen: Du
bist versucht, mehr als einen davon zu
falten. Die bunten Haftzettel verleiten
einen geradezu dazu.

DU BRAUCHST
- **Haftzettel**
  1 Quadrat aus je 4 Haftzetteln in
  beliebiger Farbe (siehe Seite 64)
  1 Haftzettel in Kontrastfarbe,
  76 x 76 mm
- **Locher**
- **Schere**

1 Falte das Qua-
drat in der unte-
ren Hälfte wie auf
der Zeichnung
in Ziehharmoni-
kafalten.

2 Lege die
Faltarbeit mit der
gefalteten Seite
links vor dich hin,
die Falten liegen
unter der glatten
Seite. Falte sie nun
an den gestrichelten
Linien nach innen
und drehe sie um.

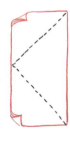

3 Falte
sie an den
gestrichelten
Linien.

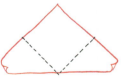

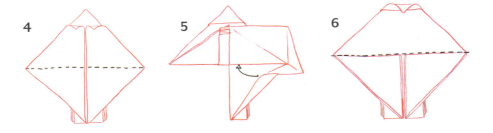

4 Falte die obere Lage an der gestrichelten Linie nach unten.

5 Öffne das untere linke Dreieck und wende die Außenseite nach innen. Wiederhole das auf der anderen Seite.

6 Falte die Arbeit an der gestrichelten Linie.

7 Falte die obere Lage an der gestrichelten Linie hoch.

8 Falte die Arbeit an den gestrichelten Linien ein, drücke die Enden zusammen.

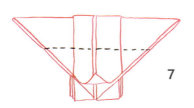

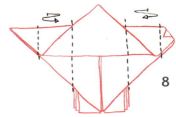

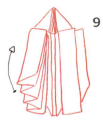 **9**

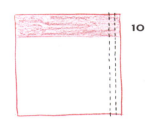 **10**

 11

9 Falte die Falten für die Flügel auseinander.

10 Schneide von einem Haftzettel wie auf der Zeichnung 2 Streifen ab.

11 Drehe sie an den Enden über einen Bleistift.

12 Klebe sie als Fühler an den Schmetterling.

13 Stich mit dem Locher Kreise aus der Klebestelle eines Haftzettels und dekoriere den Schmetterling damit.

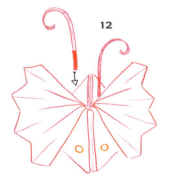 **12**

Sterne

Diesen einfachen Stern kannst du ins Fenster oder auch woanders aufhängen. Klemmen braucht man nicht unbedingt – du kannst zum Aufhängen auch etwas Schnur an die Sternspitzen kleben.

DU BRAUCHST
- **Haftzettel**
  2 Quadrate aus je 4 Haftzetteln in einer oder in unterschiedlichen Farben (siehe Seite 64)
- **Schere**
- **Kleber**

1 Falte das Quadrat an den gestrichelten Linien und falte es wieder auf.

2 Schneide es an den Linien ein.

3 Falte es an den gestrichelten Linien nach innen.

4 Schiebe die so entstandenen Dreiecke an jeder Sternspitze zusammen und fixiere sie mit Kleber.

5 Wiederhole die Schritte 1–4 für einen weiteren Stern und stecke die inneren Seiten der beiden Sterne zusammen, sodass ein achtzackiger Stern entsteht.

1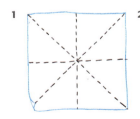
2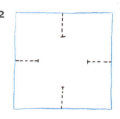
3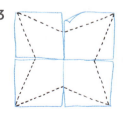
4

Adventskalender

Auch Erwachsene brauchen einen Adventskalender. Wenn du „zufällig" den Inhalt aufgegessen hast, ist er schnell wieder gefüllt. Das muss ja niemand erfahren.

DU BRAUCHST
- **Haftzettel, 76 x 76 mm**
  6 Stück in Neongrün
  2 Stück in Hellgrün
  4 Stück in Neonpink
  6 Stück in Rot
  6 Stück in Neongelb
- **Markierstift**
- **kleine, verpackte Süßig-
  keiten, z. B. Bonbons**

1 Lege einen Haftzettel mit der Klebeseite nach unten vor dich hin und falte ihn an der gestrichelten Linie.

2 Falte zuerst die linke und dann die rechte Ecke zur Mitte und drücke sie aufeinander, sodass sie zusammenkleben.

3 Wiederhole das, bis du 24 kleine Um-schläge hast. Nummeriere sie von 1 bis 24 und klebe sie auf die Wand. Lege in jeden eine kleine Süßigkeit.

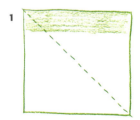
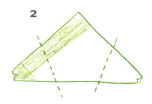

Dekoration

Gänseblümchenkranz

Dieser Kranz ist zwar etwas aufwendig, aber das Schneiden lohnt sich durchaus.

DU BRAUCHST
- **Haftzettel, 76 x 76 mm**
  (beliebig viele)
  in Gelb
  in Weiß
  in Grün
- **Schere**

1 Lege einen Haftzettel mit der Klebeseite nach unten vor dich hin und falte ihn an der gestrichelten Linie nach oben.

2 Falte ihn an der gestrichelten Linie von links nach rechts.

3 Falte ihn an der gestrichelten Linie nach oben.

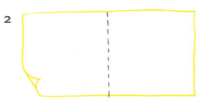

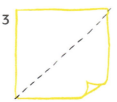

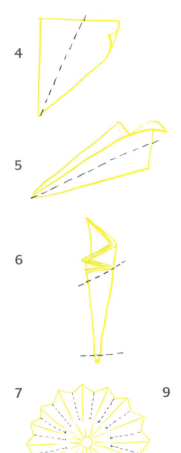

4 Falte ihn an der gestrichelten Linie nach oben.

5 Falte die obere Lage an der gestrichelten Linie nach unten, drehe die Arbeit um und wiederhole das auf der anderen Seite.

6 Schneide die Faltarbeit an den gestrichelten Linien ab.

7 Falte sie auseinander und schneide sie für die Gänseblümchen an den gestrichelten Linien ein.

8 Wiederhole die Schritte 1–7, bis du die gewünschte Anzahl an Blüten für deine Kette hast.

9 Schneide einen weiteren Haftzettel entlang der gestrichelten Linien in Streifen.

10 Fädele die Streifen durch die Löcher in den Blüten und verbinde sie zu einer Kette.

7

9

10
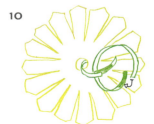

Schneeflocken-Lichterkette

Hier wurden die klassischen Schneeflocken aus Papier für eine winterliche Lichterkette verwendet.

1 Lege einen Haftzettel mit der Klebeseite nach unten vor dich hin und falte ihn an der gestrichelten Linie.

2 Falte ihn an der gestrichelten Linie.

3 Falte ihn an der gestrichelten Linie.

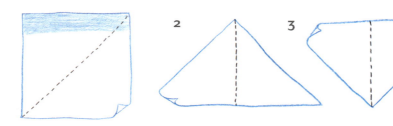

4 Schneide die Faltarbeit an den gestrichelten Linien ein.

5 Falte sie auseinander, sodass die Schneeflocke entsteht.

6 Wiederhole die Schritte 1–5 mit weiteren
Haftzetteln.

7 Lege 1 Schneeflocke mit der Klebeseite
nach oben hinter eine Birne der Lichterkette.
Lege eine zweite Schneeflocke mit der Klebeseite nach unten darauf. Drücke sie fest
zusammen. Wiederhole das, bis jede Birne in
einer Schneeflocke liegt.

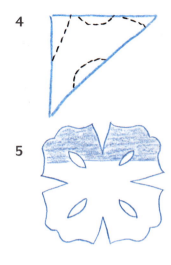

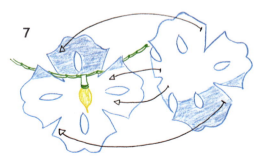

Lampenschirm fürs Handy

Wenn du kein Handy mit Lampenfunktion hast, nimm ein Fahrradlicht, Teelicht oder eine Taschenlampe. Oder bastele viele Lampenschirme für eine Lichterkette.

DU BRAUCHST
- **Haftzettel, 76 x 76 mm**
  5 Stück in Gelb (oder in einer beliebigen Farbe)
- **Schere**

1 Lege fünf Haftzettel mit der Klebeseite nach unten vor dich hin und schneide sie jeweils an den gestrichelten Linien ein.

2 Lege die Haftzettel mit jeweils 2 cm Abstand in einer langen Reihe übereinander und drücke sie zusammen.

3 Rolle sie zu einem Zylinder und drücke die Enden aneinander. Stelle ihn als Lampenschirm über dein Handy.

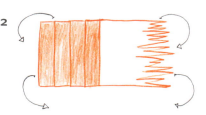
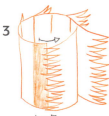

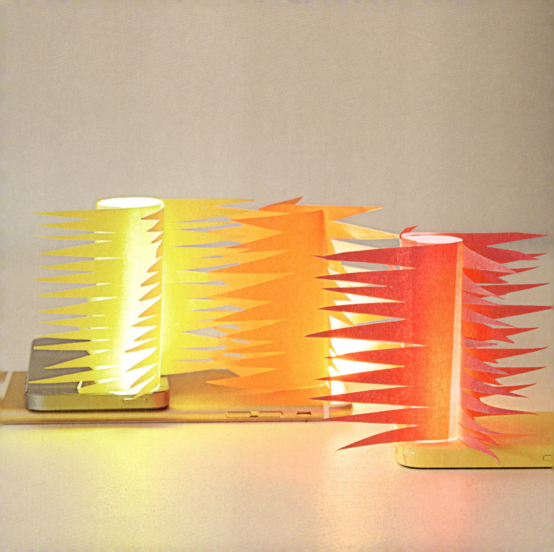

Schreibtischlampe

Wenn du dir die Zeit damit vertreibst, Sachen mit Haftzetteln zu bekleben, könntest du das auch nutzen und ein Kunstwerk kreieren.

1 Reiß die Haftzettel mithilfe des Lineals an den gestrichelten Linien in drei Teile.

2 Klebe die gerissenen Streifen in konzentrischen Kreisen auf den Lampenschirm. Beginne damit am unteren Ende.

3 Klebe die Streifen überlappend in Farbringen auf den Schirm – von unten bis oben in Mittelblau, Hellblau, Weiß, Pink, Weiß und ganz oben in Hellblau.

4 Klebe zum Schluss eine Reihe pinker Streifen an den inneren Rand des Lampenschirms.

DU BRAUCHST
- **Haftzettel, 76 x 76 mm**
  20 Stück in Neonpink
  10 Stück in Mittelblau
  40 Stück in Hellblau
  10 Stück in Weiß
- **Gelenkleuchte oder eine andere Schreibtischlampe**
- **Lineal**

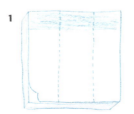

Kronleuchter

Diesen Kronleuchter hängt man um eine Glühbirne an die Decke oder auch einfach nur so zur Dekoration auf. Du kannst ihn so lang oder so bunt machen, wie es für dein Zimmer passt.

DU BRAUCHST
- **Haftzettel, 51 x 51 mm**
  120 Stück in Hellrosa
  60 Stück in Dunkelrosa
  40 Stück in Hellblau
  40 Stück in Neongelb
- **Schere**
- **feste Pappe**
- **Tacker**
- **Schnur**

1 Schneide aus Pappe 4 Streifen zu je 40 x 2 cm zurecht. Falte die äußeren 5 cm jeweils nach innen.

1

2cm

5cm

40cm

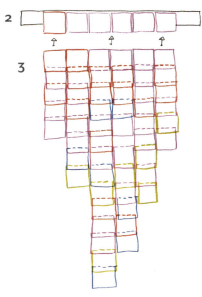

2 Klebe eine Reihe Haftzettel wie auf der Zeichnung darauf.

3 Klebe für 1 Seite des Kronleuchters die Haftzettel in überlappenden Reihen auf die erste Reihe. Wiederhole das mit den anderen Pappstreifen.

4 Lege die vier Seiten wie auf der Zeichnung aneinander.

5 Tackere die Ecken fest und befestige an den Ecken für die Aufhängung die Schnur.

Geschenkpapier

Die Schleife sieht kompliziert aus, aber sie geht kinderleicht. Wer braucht schon ein Geschenkband, wenn man Haftzettel hat?

DU BRAUCHST
- **Haftzettel**
  für das Geschenkpapier
  76 x 76 mm, mindestens
  6 Stück in 2 verschiedenen
  Farben
  für die Schleife
  1 Quadrat aus 4 Haftzetteln in
  beliebiger Farbe (siehe Seite 64)
- **Schere**
- **Kleber oder Klebestreifen**

GESCHENKPAPIER

1 Lege die Haftzettel wie auf der Zeichnung zu einem Bogen Geschenkpapier zusammen. Du kannst es beliebig vergrößern.

2 Wickele dein Geschenk darin ein und verschließe den Bogen mit Kleber oder Klebestreifen. Schneide aus einem Haftzettel mehrere Streifen wie auf der Zeichnung aus und klebe sie als Geschenkband auf das Päckchen.

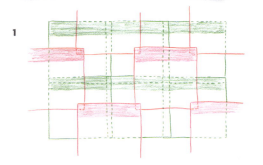

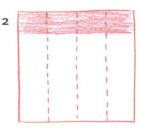

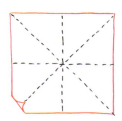

SCHLEIFE

1 Falte das Quadrat aus Haftzetteln an den gestrichelten Linien und falte es wieder auf.

2 Falte es an der gestrichelten Linie zu einem Dreieck und lege es mit der gefalteten Kante nach oben vor dich hin.

3 Führe die obere rechte Ecke zur unteren Spitze und streiche das Papier flach. Drehe die Arbeit um und wiederhole das mit der anderen Seite, sodass eine Origami-Grundform entsteht.

4 Falte die geschlossene Ecke an der gestrichelten Linie und falte sie wieder auf.

5 Öffne die Faltarbeit und streiche sie glatt.

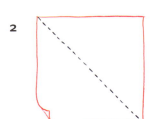

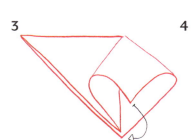

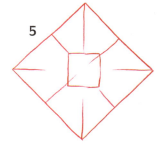

6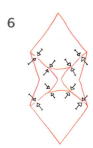

7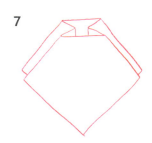

8

6 Drücke die Falze wie gezeigt zusammen.

7 Streiche die Arbeit wie auf der Zeichnung glatt.

8 Falte die obere Schicht an den gestrichelten Linien nach unten. Drehe die Arbeit um und wiederhole das auf der anderen Seite.

9 Öffne die Arbeit wie auf der Zeichnung und schneide sie an den Falzen (gestrichelte Linien) ein.

10 Falte die obere Ecke an der gestrichelten Linie.

11 Falte die äußeren Quadrate an den gestrichelten Linien nach innen.

9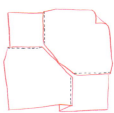

10

11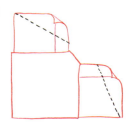

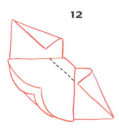

12

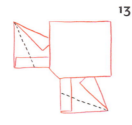

13

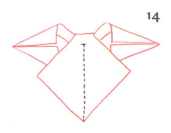

14

12 Falte beide Schichten wie auf der Zeichnung an der gestrichelten Linie.

13 Falte die äußeren Abschnitte an den gestrichelten Linien nach innen.

14 Schneide beide Lagen an der gestrichelten Linie ein.

15 Falte sie an den gestrichelten Linien wie auf der Zeichnung nach innen. Drehe die Faltarbeit dann um.

16 Falte die Arbeit an den gestrichelten Linien wie auf der Zeichnung nach innen und schiebe die Spitze der Schleife unter die mittige Lasche.

17 Schneide die Schleifenenden an den gestrichelten Linien ein.

18 Klebe die Schleife auf das Päckchen.

15

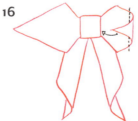

16

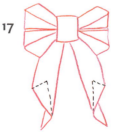

17

Diskokugel

Wenn du deine Diskokugel mit den kleinen Spiegelchen nicht findest, ist das hier eine Lösung. Sie muss nicht eingesteckt werden und funktioniert auch bei Tageslicht.

DU BRAUCHST
- **Haftzettel, 51 x 51 mm**
  60 Stück in Neonpink
  60 Stück in Neonorange
  60 Stück in Neongelb
- **1 leichten Ball (Softball o. ä.), etwa 20 cm Durchmesser**
- **Schnur**
- **Klebestreifen**
- **Schere**

1 Viertele die Haftzettel entlang der gestrichelten Linien und sortiere die schraffierten Flächen aus.

2 Wickele die Schnur mittig waagerecht und senkrecht um den Ball und verknote sie. Lass ein längeres Ende zum Aufhängen daran und befestige es mit Klebestreifen.

3 Klebe die Haftzettel in wechselnden Farben auf den Ball, orientiere dich dabei an der waagerechten Schnur und halte einen gleichmäßigen Abstand zwischen den Zetteln ein.

4 Hänge die Diskokugel auf und klebe auch Haftzettel an die Wand, um den Effekt von Diskolicht zu imitieren.

1

2

3

Tischläufer

Wenn du mal schnell eine Tischdecke brauchst, ist diese das Richtige. Das beschriebene Muster kannst du beliebig für deinen Tisch erweitern. Beginne in der Mitte und arbeite von dort nach außen.

DU BRAUCHST

- **Haftzettel, 76 x 76 mm**
  4 Stück in Dunkelblau
  12 Stück in Hellblau
  12 Stück in Neongelb
  8 Stück in Orange
  12 Stück in Weiß
- **Schere**
- **Tisch**

1 Lege die dunkelblauen, gelben und orange-farbenen Haftzettel gitterförmig wie auf der Zeichnung in die Mitte deines Tisches.

2 Schneide 12 weiße und 12 hellblaue Haft-zettel an der gestrichelten Linie zurecht.

3 Klebe sie wie auf der Zeichnung auf das Gitter. Wiederhole das Muster und fülle so die Tischplatte aus, bis du einen Tischläufer hast. Beende ihn mit einer Reihe aus orange-farbenen und weißen Haftzetteln.

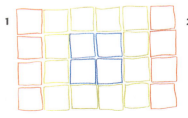

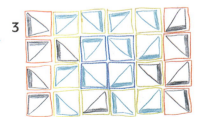

Luftschlangen

Last-minute-Luftschlangen für Freitagabend.

DU BRAUCHST
- **Haftzettel, 76 x 76 mm**
  1 Stapel Z-Notes (im Spender)
  in beliebiger Farbe
  12 Stück in Hellblau
- **Klebeband oder Haftkleber**

1 Nimm das lose Ende des obersten Haft-zettels im Spender und ziehe daran, sodass du deine Luftschlange erhältst.

2 Befestige sie mit Klebeband oder Haftkle-ber an der Wand, Decke oder am Akten-schrank.

Deko zum Aufhängen

Sie ist etwas aufwendiger als Luftschlangen, aber auch ganz leicht zu machen.

DU BRAUCHST
- **Haftzettel, 76 x 76 mm**
  1 Stapel Z-Notes (im Spender)
  in beliebiger Farbe
  12 Stück in Hellblau
- **Schnur**
- **Tacker**

1 Nimm eine gerade Zahl Haftzettel (zwischen 6 und 14) aus der hinteren Seite des Spenders heraus, halte sie dabei zusammen.

2 Drücke die beiden losen Enden fest zusammen, sodass eine Blumenform entsteht.

3 Befestige mit dem Tacker ein Stück Schnur zum Aufhängen daran.

Weihnachtlicher Ilex

Damit kannst du eine triste Ecke aufmöbeln oder auch einen Kranz, eine Girlande oder einen ganzen Weihnachtsbaum aus mehreren Blättern anfertigen.

DU BRAUCHST
- **Haftzettel, 76 x 76 mm**
  2 Stück in Neongrün
  1 Stück in Hellgrün
  1 Stück in Neonpink
- **Schere**
- **Locher**

1 Nimm zwei neongrüne Haftzettel und falte sie mit der Klebeseite nach unten an der gestrichelten Linie.

2 Schneide sie an der gestrichelten Linie zurecht und falte sie auseinander, sodass zwei Blattformen entstehen.

3 Klebe sie wie an einem Zweig in einer Gruppe auf einen hellgrünen Haftzettel.

4 Stich mit einem Locher ein paar Kreise aus der Klebestelle des neonpinken Haftzettels aus. Klebe sie als Beeren oben an die Blätter.

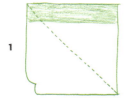 1

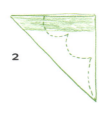 2

 3

4

Danksagung

Vielen Dank

Andy, dem Ideengeber, der streng über die Qualität gewacht und dafür gesorgt hat, dass alles richtig wird. Lucy, der Expertin im Falten, auch von Klebezetteln. Clare, für deine Begeisterung, deine Notizen (wenn du nicht fragst, erfährst du nichts) und natürlich für deine tollen Fotos. Tom, für deinen scharfen Blick und dafür, dass du unermüdlich geklebt hast. Claire, Judith und vor allem Kyle. Ebenso einigen ungenannten Putztruppen, die meine Kreationen in den letzten 20 Jahren verschont haben.